UNIVERSITÉ DE FRANCE

FACULTÉ DE DROIT DE GRENOBLE

RÉPONSE

A LA

CIRCULAIRE MINISTÉRIELLE

Du 5 mars 1887

GRENOBLE

IMPRIMERIE TYP. ET LITH. GABRIEL DUPONT

Rue des Prêtres, 1.

—

1887

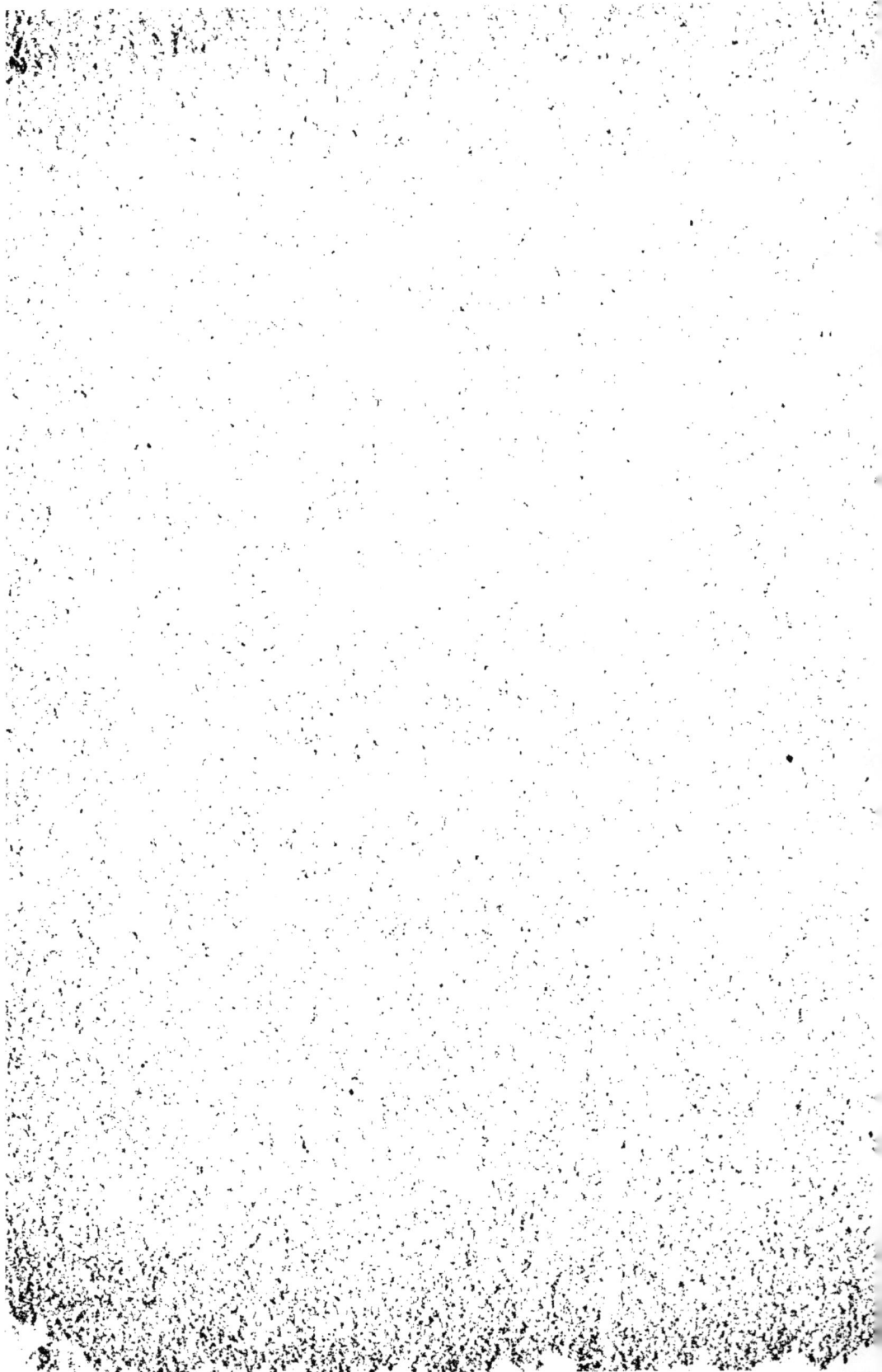

UNIVERSITÉ DE FRANCE

FACULTÉ DE DROIT DE GRENOBLE

RÉPONSE

A LA

CIRCULAIRE MINISTÉRIELLE

Du 5 mars 1887

GRENOBLE
IMPRIMERIE TYP. ET LITH. GABRIEL DUPONT
Rue des Prêtres, 1.

1887

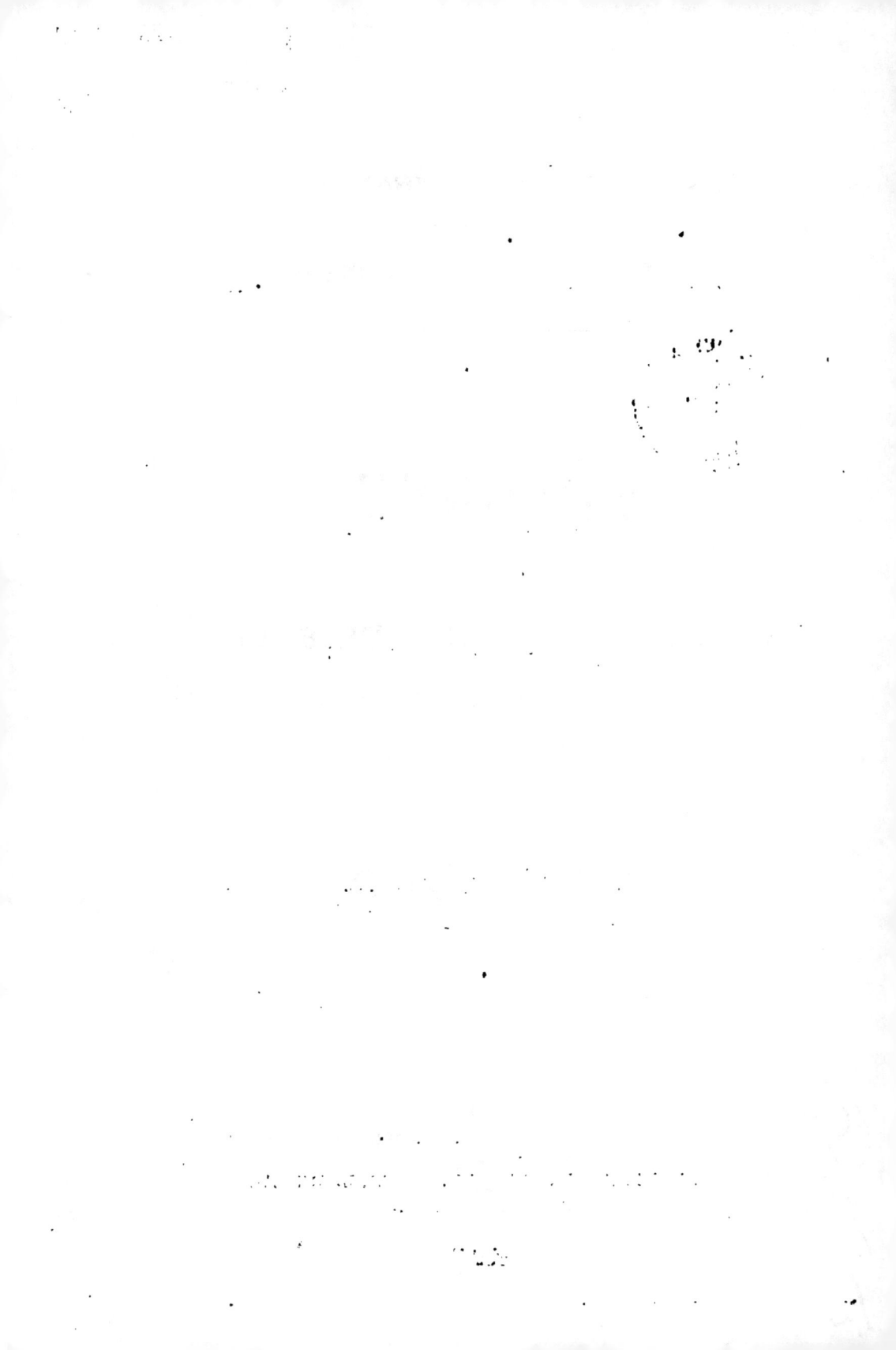

FACULTÉ DE DROIT DE GRENOBLE

Extrait du Registre des Délibérations

DE L'ASSEMBLÉE DE LA FACULTÉ DE DROIT

Séance du 29 mars 1887

. . . .

M. le Doyen, ayant ouvert la séance, donne la parole à M. le professeur Fournier pour la lecture du rapport de la Commission nommée dans la séance du 12 mars [1], à l'effet d'étudier, suivant les désirs exprimés par M. le Ministre de l'Instruction publique, dans sa circulaire du 5 du même mois, les résultats de l'application des décrets des 28 décembre 1880 et 20 juillet 1882, qui ont modifié les conditions d'admission aux grades de licencié et de docteur en droit, et d'indiquer les améliorations qu'il y aurait lieu d'introduire dans cette partie du service.

M. Fournier s'exprime ainsi :

Une circulaire de M. le Ministre de l'Instruction publique, en date du 5 mars 1887, invita les Facultés de Droit à exprimer leur opinion sur l'effet des réformes introduites dans les études

---

[1] Cette Commission était composée de MM. Fournier, professeur, Michoud et Jay, agrégés, chargés de cours.

juridiques par les décrets du 28 décembre 1880 et du 20 juillet 1882 et sur les améliorations que paraîtrait comporter le régime actuel.

La Faculté de Droit de Grenoble a consacré plusieurs séances à l'étude des questions soulevées par cette circulaire. Dans la séance du 12 mars 1887, elle a confié à une Commission de trois membres la tâche de préparer les éléments de sa réponse. S'inspirant des idées émises dans la discussion générale, la Commission dressa la liste des points sur lesquels il lui semblait utile de provoquer l'avis de la Faculté, et en même temps elle exprima son opinion sur chacun de ces points. Dans les réunions préparatoires du 22 et du 24 mars 1887, la Faculté discuta les conclusions de la Commission, adopta les unes, écarta les autres, en modifia quelques-unes. Le présent travail n'a d'autre but que d'exposer brièvement le résultat des délibérations de la Faculté. Suivant l'ordre proposé par la circulaire ministérielle, on y traitera, en deux parties, d'abord de l'effet des réformes accomplies, en second lieu de celles dont la Faculté désire la réalisation.

I

L'assiduité aux cours, satisfaisante à Grenoble sous le régime antérieur, n'a pas fléchi sous le nouveau régime inauguré en 1880. En général, la Faculté ne peut que se féliciter de la régularité de ses élèves.

Sous ce nouveau régime, les études se sont-elles fortifiées?

Pour nous en rendre compte, nous avons comparé les résultats des examens pendant les six dernières années du régime ancien (1874-1880) et pendant les six années du régime organisé par le décret du 28 décembre 1880; il résulte de cette comparaison que la moyenne des ajournements a été, pour la première période, de 13.12 pour cent, et pour la seconde période, de 20.62 pour cent. Si, d'autre part, nous établissons un classement entre les résultats de ces douze années, voici les deux listes que nous obtenons, suivant que nous nous plaçons au point de vue du nombre des ajournements ou de la valeur des notes données :

Au point de vue du nombre des ajournements :

	Ajournements pour cent.
1ᵉʳ rang : 1874-1875 (régime ancien)	7.67
2ᵉ rang : 1876-1877 (régime ancien)	8.14
3ᵉ rang : 1883-1884 *(régime nouveau)*	10.95
4ᵉ rang : 1884-1885 *(régime nouveau)*	12.56
5ᵉ rang : 1875-1876 (régime ancien)	12.93
6ᵉ rang : 1877-1878 (régime ancien)	15.85
7ᵉ rang : 1879-1880 (régime ancien)	16.17
8ᵉ rang : 1878-1879 (régime ancien)	17.92
9ᵉ rang : 1882-1883 *(régime nouveau)*	18.52
10ᵉ rang : 1885-1886 *(régime nouveau)*	21.13
11ᵉ rang : 1881-1882 *(régime nouveau)*	28.04
12ᵉ rang : 1880-1881 *(régime nouveau)*	32-54

Au point de vue des notes données :

1ᵉʳ rang :	1876-1877	(régime ancien).
2ᵉ —	1874-1875	(régime ancien).
3ᵉ —	1883-1884	*(régime nouveau).*
4ᵉ —	1875-1876	(régime ancien).
5ᵉ —	1884-1885	*(régime nouveau).*
6ᵉ —	1877-1878	(régime ancien).
7ᵉ —	1882-1883	*(régime nouveau).*
8ᵉ —	1878-1879	(régime ancien).
9ᵉ —	1877-1878	(régime ancien).
10ᵉ —	1885-1886	*(régime nouveau).*
11ᵉ —	1881-1882	*(régime nouveau).*
12ᵉ —	1880-1881	*(régime nouveau).*

En 1876-1877, c'est-à-dire au cours de la meilleure année, sur 1,290 boules, ont été données : 429 blanches, soit 33.34 % ; 744 rouges, soit 57.67 % ; 117 noires, soit 9.07 %. En forçant un peu les chiffres, on trouve que sur 10 boules, ont été données : 3 blanches, 6 rouges et 1 noire.

En 1880-1881, c'est-à-dire dans la plus mauvaise année, sur

378 boules, ont été données: 70 blanches, soit 19.58 %;
8 blanches-rouges, soit 2.12 %; 180 rouges, soit 53.04 %;
21 rouges-noires, soit 5.55 %; 93 noires, soit 27.36 %. Si
l'on force un peu les chiffres et si l'on ne tient pas compte des
blanches-rouges et des rouges-noires, données en très petit
nombre, on voit que sur 10 boules ont été données : 2 blanches,
5 rouges, 3 noires.

Tels sont les chiffres extrêmes entre lesquels ont oscillé les
résultats des dernières années.

Dans ces deux tableaux, les années des deux régimes se
suivent en s'entremêlant; mais l'avantage appartient au régime
ancien, qui occupe des deux côtés les deux premières places,
tandis que le régime nouveau tient d'un côté les trois, de l'autre
les quatre dernières.

En somme, dans la dernière période de six ans, le nombre
des ajournements s'est élevé, le nombre des mauvaises notes
s'est accru. Donc, si l'on s'en rapporte au résultat des examens,
il faudrait conclure ou que la préparation des candidats a
baissé sous le nouveau régime, ou que les épreuves sont deve-
nues plus difficiles; peut-être, ces conclusions sont-elles toutes
deux exactes. — Au nombre des causes nombreuses qui
nuisent aux études juridiques, la Faculté a signalé à diverses
reprises et en première ligne la faiblesse des études classiques
qui conduisent les élèves à l'enseignement supérieur: bache-
liers médiocres, ils ne sauraient être de bons étudiants. Le
mal s'aggravant plutôt qu'il ne s'atténue, la Faculté croit de
son devoir de le signaler encore une fois.

En ce qui concerne la régularité des études, le régime inauguré en 1880 a produit de salutaires effets. Les jeunes gens
qui poursuivent leurs études du droit en vue d'un but sérieux
ont dû contracter l'habitude de passer leurs examens aux dates
fixées; d'autre part, la péremption des inscriptions nous a fort
heureusement débarrassés des retardataires. Voici comment se
décomposent les chiffres d'inscription tombés en péremption
pendant les quatre dernières années :

Licence : 17.23 % des étudiants inscrits ;
Doctorat : 50 %;
Capacité : 61 %.

Ainsi, le sixième à peu près des étudiants en licence, la

moltié des étudiants en doctorat, et près des deux tiers des candidats à la capacité ont abandonné les études commencées. Cette proportion, très considérable en ce qui concerne les candidats au doctorat et à la capacité, est évidemment due pour une large part à la gratuité des inscriptions : il était aisé de prendre une inscription qui ne coûtait rien et n'engageait à rien. Maintenant que les inscriptions ont cessé d'être gratuites, il est vraisemblable qu'elles seront moins facilement prises, et, partant, moins facilement abandonnées.

En résumé,

L'expérience des six années passées sous le régime nouveau nous montre :

Que l'assiduité est restée la même ;

Que les résultats des examens ont été moins satisfaisants ;

Que le chiffre des étudiants irréguliers a sensiblement diminué.

II.

Vœux.

La Faculté s'est successivement occupée du programme des études et du régime des examens pour la licence et le doctorat.

1. PROGRAMME DES ÉTUDES DE LICENCE.

Le décret du 28 décembre 1880 créait en première année un cours d'histoire générale du droit français et en troisième année un cours de droit international privé. Après un essai de six années, on peut se demander s'il convient de maintenir ces deux cours.

La Faculté, à la majorité de huit voix contre cinq, propose de transformer en cours de Doctorat le cours de droit international privé. — Certes, elle ne méconnaît pas l'importance de cet enseignement, et elle considérerait comme infiniment regrettable qu'il ne fût pas maintenu dans les Facultés de droit. Le mouvement scientifique dont il est né et qu'il a contribué à accentuer est loin d'avoir produit encore tous les effets qu'on en peut attendre. Etudier les points de contact des législations étrangères avec la nôtre ; chercher soit dans les traités internationaux, soit dans les lois internes, le moyen de prévenir ou de résoudre les difficultés que soulève la contrariété de leurs dispositions ; tenter enfin, sur les points où cela peut exceptionnellement paraître possible et désirable, d'unifier les lois de tous les peuples civilisés, c'est là assurément une œuvre utile, qui a déjà été féconde en résultats et qui peut l'être encore. Mais la Faculté ne croit pas que ce cours soit bien placé quand il s'adresse aux étudiants de licence ; elle pense que, s'il peut être utile aux étudiants d'élite d'élargir leurs idées juridiques par ce coup d'œil jeté sur les législations étrangères, cette étude est d'ordre purement scientifique et offre le danger de jeter dans les esprits insuffisamment préparés de la masse des étudiants le trouble et la confusion. — Quant à l'utilité que ce cours présenterait au point de vue de la pratique des affaires, la Faculté fait observer que la plupart des questions de cet ordre peuvent être exposées à l'occasion d'autres enseignements : le professeur de droit civil est obligé de traiter la théorie de la nationalité et celle de la condition des étrangers ; il ne peut se dispenser, quand il rencontre sur son chemin les divers textes du Code civil relatifs à ces matières, de parler de quelques-unes au moins des questions internationales qui se rapportent au mariage, au testament, aux hypothèques ; de son côté, le professeur de droit criminel expose les théories de l'extradition et des infractions commises à l'étranger ; le professeur de procédure, enfin, comprend nécessairement dans son programme la théorie de l'exécution des jugements étrangers et celle de la compétence des tribunaux français à l'égard des étrangers. Il en résulte que, sur beaucoup de points (et ce sont précisément les plus pratiques), le cours de droit international n'a d'autre rôle que de permettre de développer plus largement des matières déjà traitées dans d'autres cours. Mais c'est là précisément le rôle d'un cours de doctorat, il faut donc en décharger les programmes de la licence, d'autant plus que la Faculté désire accroître dans ces programmes la place d'enseignements présentant une utilité plus générale.

L'histoire du droit a soulevé des discussions plus vives. Maintenue dans les programmes de la licence par l'unanimité de la Commission, elle fut vivement attaquée dans l'Assemblée de la Faculté. Cet enseignement, dit-on, est mal placé en première année : comment, en effet, enseigner l'histoire des vicissitudes du droit à des élèves qui n'ont aucune idée du droit ? Il serait mieux à sa place en troisième année ; mais il est impossible de l'y transporter, la troisième année étant déjà trop chargée, et le droit international, dont on demande la suppression, devant y être remplacé, comme on le verra, par des études d'un intérêt plus pratique. Il faut donc effacer l'histoire du droit des programmes de licence ; à vrai dire, le sacrifice est médiocre si l'on veut bien considérer que chaque professeur a coutume de consacrer quelques leçons prélimi-naires à l'exposé de notions historiques sur la matière qu'il enseigne (droit civil, procédure, etc.), et que, d'ailleurs, le cours de droit romain est à lui seul, sur bien des matières, la meilleure préparation historique à l'étude du droit français.

A ces critiques, les partisans de l'histoire du droit ont répondu en montrant les avantages de cet enseignement que tous d'ailleurs n'envisagent pas au même point de vue.

Les uns estiment que le professeur d'histoire du droit doit faire une large place à l'histoire du droit public, sans négliger toutefois l'étude des parties du droit privé que leur moindre complication permet de rendre accessibles à des esprits encore étrangers aux notions juridiques précises.

En effet, disent-ils, le droit auquel les Facultés ont pour mission d'initier leurs élèves comprend tout aussi bien les règles qui organisent les pouvoirs publics ou assurent leur fonctionnement que celles qui président aux relations privées des citoyens.

Le droit n'est, d'ailleurs, qu'une des manifestations, la plus nettement caractéristique de toutes, de l'état actuel de la civilisation française. Or, la civilisation française n'a pas été le produit d'une génération spontanée. Elle a des racines lointaines. Elle est la résultante d'une longue et lente évolution. Marquer d'un trait sommaire les phases principales de cette évolution, montrer à l'origine les emprunts faits aux divers éléments dont la fusion a formé la nation française, déterminer l'influence de ces grands faits, le triomphe et la décadence de la féodalité, le développement parallèle du tiers état et de la royauté absolue et centralisée et enfin de la Révolution ; suivre, en un mot, dans l'étude des institutions juridiques et de leurs variations le mouvement qui à travers les siècles va transformant sans cesse la physionomie de la nation, par là, préparer à la connaissance de l'organisation sociale présente, comme aussi faciliter l'intelligence des conditions du progrès futur, tel leur paraît le but que le cours d'histoire du droit doit se proposer d'atteindre s'il veut rester fidèle au titre même qui lui a été donné : Histoire générale du droit français public et privé. Négliger l'histoire du droit public ou lui faire une part trop restreinte serait rendre impossible le tableau général du développement juridique de notre pays.

D'autres, se contentant d'une étude résumée des sources et de notions sommaires de droit public, comprendraient le cours d'histoire du droit comme une série d'introductions historiques aux diverses matières du droit privé contenues dans les programmes de licence, et notamment aux divers titres du Code civil. C'est, en effet, l'étude du droit civil qui constitue la partie essentielle de l'enseignement de nos Facultés ; c'est à montrer d'où procèdent les idées fondamentales du droit civil, et comment les éléments les plus divers se sont combinés pour le former, que doit être consacré le cours d'histoire du droit de première année. Ainsi cette étude, rattachée par son but à la branche maîtresse de l'enseignement des Facultés, échapperait au reproche d'inutilité ; il semble d'ailleurs qu'elle puisse être présentée sous une forme assez élémentaire, assez générale, pour être comprise des étudiants de première année.

Ces arguments ne réussirent pas à ébranler la majorité de la Faculté ; sans méconnaître l'avantage de l'histoire du droit, elle en juge l'enseignement peu utile en première année, et ne

le croit point d'une importance suffisamment démontrée pour
déplacer ou supprimer à son profit une matière de seconde ou
de troisième année. Aussi, par huit voix contre cinq, la Faculté
émet un vœu tendant à ce que l'histoire du droit soit effacée
des programmes de licence.

On voit que les vœux de la majorité de la Faculté vont à
éliminer des programmes de licence le droit international et
l'histoire du droit. Subsidiairement, au cas où ces vœux ne
pourraient être entièrement satisfaits, la majorité de la Faculté
se prononcerait pour le maintien du cours d'histoire du droit,
le droit international étant renvoyé aux études de doctorat.

Si ces deux cours semblent à la majorité de la Faculté desti-
nés à disparaître des programmes de licence, en revanche il
est certains enseignements d'une utilité incontestable qu'elle
voudrait compléter et fortifier : je veux parler de la procédure
civile et du droit administratif.

Tous s'accordent à regretter que le programme du cours de
procédure civile ne comprenne pas la matière des voies d'exécution. La Faculté demande à l'unanimité que cette matière
soit ajoutée au programme de ce cours. Ce programme n'est
pas tellement rempli qu'il ne puisse se prêter à cet accroissement ; d'ailleurs, on déchargerait le professeur de procédure
de l'enseignement détaillé de l'organisation judiciaire, si l'on
adoptait au sujet de l'enseignement du droit public administratif une combinaison qui sera indiquée ci-dessous. — Une
objection plus grave a été faite à ce projet : l'enseignement des
règles de la saisie immobilière et de l'ordre suppose la connaissance des principes du régime hypothécaire qui ne sont exposés
qu'à la fin de la troisième année. Comment, dès lors, enseigner
en seconde année ces matières qui constituent une partie capi-
tale des voies d'exécution ? Pour parer à cet inconvénient, on
avait proposé de placer l'enseignement de la procédure en troi-
ième année : mais cette idée a été abandonnée parce que son
application reculerait à une date trop tardive le jour où les jeunes
gens recevraient les premières notions de procédure qui leur
sont indispensables pour l'intelligence du droit civil et souvent
très utiles quand ils doivent mener de front leur préparation à
la licence et leur stage dans une étude d'avoué. L'enseignement

de la procédure, ainsi modifié, devrait donc être maintenu en seconde année : sans se méprendre sur les difficultés qui résultent de cette solution, la Faculté croit qu'elles ne sont pas insurmontables. En effet, il arrive bien souvent, dans l'enseignement du droit comme ailleurs, qu'il faut supposer connues des matières non encore étudiées en détail ou remplacer cette étude de détail par des notions sommaires et provisoires.

La modification demandée au sujet de l'enseignement du droit administratif est plus profonde.

En effet, la Faculté considère comme insuffisante la part attribuée dans les études de licence au droit administratif. Le professeur chargé de cet enseignement peut à peine parcourir toutes les matières qui lui sont indiquées par le programme officiel du 31 décembre 1862. Il est obligé pour cela, ou de donner sur quelques-unes d'entre elles des notions très superficielles, ou de réduire à peu de chose près son cours à n'être qu'une sèche nomenclature de textes ou de citations, qui rebute l'attention de l'étudiant et ne dégage pas suffisamment les principes. Aussi préfère-t-il souvent être incomplet et laisser en dehors de ses études quelques parties du programme. — Cependant il s'en faut de beaucoup que ce programme ait lui-même toute l'étendue qu'il devrait avoir. Il rétrécit outre mesure le domaine du droit administratif en n'y comprenant pas les règles qui président à plusieurs des services auxquels l'administration doit pourvoir; surtout il l'isole d'une façon fâcheuse, en ne le rattachant pas comme il l'est en réalité, au droit constitutionnel et aux principes généraux du droit public. Etudier les rapports juridiques de l'administration avec les citoyens sans marquer la place de l'autorité administrative parmi les grands pouvoirs de l'Etat et sans se pénétrer des garanties fondamentales accordées aux citoyens par nos constitutions, c'est se condamner à voir les règles du droit administratif par le petit côté, et à en faire un exposé manquant tout à la fois d'ampleur et de base solide.— On sait qu'à notre avis la Faculté de Droit est destinée surtout à former des juristes, et nous sommes loin de vouloir enlever au droit privé la légitime prépondérance qu'il a toujours eue dans son enseignement. Mais la connaissance du droit public et administratif est si nécessaire dans une société où tous les citoyens sont appelés à participer aux affaires publiques, elle est pour tous d'une utilité si évidente et si immédiate que nous croyons indispensable d'augmenter la part qui lui est faite dans les programmes.

Nous proposons donc de créer, sous le titre de droit constitutionnel et administratif, un cours biennal, qui se placerait en seconde et en troisième années. En seconde année, le professeur traiterait du droit constitutionnel et de l'organisation générale du pays. Dans le droit constitutionnel il comprendrait tout à la fois l'exposé de l'organisation et des rapports des grands pouvoirs de l'Etat et l'étude générale des principes fondamentaux du droit public. Il pourrait, étant donné le temps dont il disposerait, faire à grands traits cette étude au triple point de vue de l'histoire, de la philosophie et du droit positif. — Il exposerait ensuite l'organisation des divers services administratifs et l'organisation judiciaire. De cette manière il rapprocherait, pour les comparer, l'autorité administrative et l'autorité judiciaire, marquerait les caractères propres à chacune d'elles, et insisterait, comme le lui prescrit le programme actuel, mais avec une méthode plus scientifique et plus solide, sur le principe fondamental de la séparation de ces deux autorités. — Par là, il allégerait en même temps la tâche du professeur de procédure, que nous avons, d'autre part, proposé d'accroître.

La troisième année resterait ainsi consacrée tout entière à l'étude des matières administratives, c'est-à-dire, à peu de chose près, à l'étude du programme de 1862, qui, déchargé de l'organisation administrative et du principe de la séparation des pouvoirs, pourrait être complété par l'étude de quelques matières nouvelles et surtout pourrait être approfondi davantage. Les théories des impôts, du domaine public, des cours d'eau, des établissements dangereux et insalubres, sur lesquelles ce programme ne demande, faute de temps, que des notions générales et sommaires, pourraient recevoir les développements qu'elles comportent. — D'autres matières, comme le droit électoral et le régime des mines, qui restent aujourd'hui en dehors de l'enseignement, pourraient y trouver la place qu'elles méritent par leur importance pratique. Sans doute, il serait encore impossible au professeur d'être complet, tant le domaine du droit administratif est immense et varié; mais, du moins, il pourrait donner à ses élèves, sur les diverses branches de ce droit, des vues d'ensemble qui leur manquent trop souvent aujourd'hui et que beaucoup regrettent de ne point posséder.

D'après le vœu de la Faculté, l'enseignement du droit administratif serait, comme on vient de le dire, partagé entre deux années d'études (2e et 3e années de licence); il serait indispensable, pour donner à cet enseignement l'unité nécessaire, de confier les deux cours au même professeur, qui suivrait ainsi ses élèves. — Pour faire place à cet enseignement, sans trop surcharger les cours de seconde année de licence, la Faculté propose de placer en troisième année l'économie politique, dont l'enseignement n'aurait qu'à gagner à ce déplacement. En effet, il s'adresserait ainsi à des esprits plus mûrs et pourrait être mis en harmonie avec l'enseignement du droit commercial donné pendant cette même année.

Ainsi le programme des études de licence, tel que le demande la Faculté, comporte :

En 1re année : Le droit romain,
Le droit civil,
Le droit pénal et l'instruction criminelle.

En 2e année : Le droit romain,
Le droit civil,
La procédure civile,
Le droit constitutionnel et administratif
(1re année).

En 3e année : Le droit civil,
Le droit commercial,
Le droit constitutionnel et administratif
(2e année),
L'économie politique.

2. RÉGIME DES EXAMENS DE LICENCE.

Après avoir porté son attention sur les programmes des cours, la Faculté s'est occupée du régime des examens de licence : ici, la Commission tout d'abord, puis la Faculté, se sont partagées entre deux systèmes :

Le premier consiste à maintenir le système actuel d'examens de fin d'année divisés en deux parties indépendantes, qu'il faudrait seulement mettre en harmonie, s'il y avait lieu, avec les modifications introduites dans l'organisation des cours. Trois boules seraient, comme par le passé, attribuées à chaque partie de l'examen, soit six boules à l'examen entier ; toutefois, au lieu de la règle actuelle, en vertu de laquelle les candidats ne sont ajournés qu'autant qu'ils ont obtenu, sur trois boules, une rouge, une noire et une rouge-noire, les candidats seraient ajournés par deux rouges-noires et une rouge.

Le second système se ramème à deux termes : 1° rétablissement du premier examen de licence portant sur l'ensemble de l'enseignement du droit romain, c'est-à-dire des deux années d'Institutes ;

2° Suppression du dédoublement des examens, et, par suite, rétablissement de l'examen de fin d'année unique, à quatre ou cinq boules.

Ces deux termes ont semblé à plusieurs étroitement liés. Rétablir le premier examen de licence en l'ajoutant aux trois examens en deux parties — en fait aux six épreuves — existant déjà, paraîtrait hérisser de difficultés le chemin de la licence, où les jeunes gens auraient désormais à franchir sept épreuves. En outre, si l'on veut éviter de donner au droit romain une importance exagérée, le rétablissement du premier examen de licence implique la suppression des interrogations du droit romain à la fin de la seconde année ; cette suppression serait de nature à troubler l'économie du système actuel d'examens à six boules en deux parties. Le rétablissement du premier de licence a donc paru difficile à concilier avec le système d'examens en deux parties.

Or, dans les préoccupations de la Faculté, la question du rétablissement du premier de licence a tenu la première place, et a donné lieu aux discussions les plus animées. La suppression de cet examen, disaient les uns, a été une réforme heureuse, puisqu'elle a assuré l'assiduité à certains cours autrefois désertés : les cours de droit romain et d'économie politique à la fin de la seconde année, parce qu'ils n'avaient pas la sanction immédiate de l'examen ; les cours de troisième année au commencement de l'année classique, parce que les étudiants étaient absorbés par l'épreuve prochaine du premier examen de licence. En outre, cette suppression a été une réforme heureuse parce qu'elle n'a pas peu contribué à faire disparaître les étudiants irréguliers ou retardataires. A ce double point de vue, il serait dangereux de rétablir le premier examen de licence, dont l'utilité n'est, d'ailleurs, nullement démontrée (¹).

Cette argumentation a été combattue par de puissantes raisons. Le premier examen de licence, a-t-on dit, jouait un rôle important dans l'économie des études juridiques : c'était une synthèse des principes généraux du droit, présentés à l'esprit sous le vêtement du droit romain. Par là, il répondait admirablement au but de l'enseignement du droit romain, qui est de faire apparaître, dans le calme d'une législation fixée définitivement, loin de l'agitation des affaires et du tumulte des intérêts froissés, les idées générales qui, de nos jours encore, imprègnent l'atmosphère où doit vivre le juriste. Sans doute, cet examen d'ensemble est aujourd'hui remplacé par deux interrogations de droit romain, l'une sur les deux premiers livres, l'autre sur les deux derniers livres des Institutes. Mais cette épreuve en deux actes, séparés par une année, ne vaut pas l'épreuve unique portant sur les quatre livres des Institutes, dont la préparation forçait l'étudiant, quelque répugnance qu'il y éprouvât, à rapprocher, à comparer, à se former des idées générales. Autre chose est d'apercevoir une législation en deux pièces séparées, autre chose est d'être contraint d'en

---

(¹) Ce système fut adopté par la majorité de la Commission.

rapprocher les rouages et d'en considérer l'ensemble. Telle était l'utilité du premier examen de licence.

Joignez à cela que cette revision complète des Institutes avait le résultat de familiariser les jeunes gens avec la législation romaine : dès lors, après leur licence, ils étaient moins dépaysés et, par suite, moins effrayés quand il s'agissait de préparer le premier examen do doctorat. Comme le montrent nos statistiques, le nombre des candidats au doctorat diminue sensiblement ; beaucoup sont effrayés ou rebutés par la perspective du premier examen. L'expérience prouve que l'effroi était moindre au temps où les candidats avaient dû, pour parvenir à la licence, se livrer à une revision générale du droit romain.

Ces considérations ont entraîné la majorité de la Faculté par 7 voix contre 5, elle demande le rétablissement du premier examen de licence.

En ce qui concerne le régime des examens, la majorité de la Faculté ne voit pas quels avantages importants résulteraient du maintien du système actuel du dédoublement, peu conciliable, d'ailleurs, avec le rétablissement du premier de licence. Aux épreuves partielles à trois boules, elle préfère l'examen unique à quatre ou cinq boules, qui donne du candidat une impression plus complète et laisse ainsi moins de part à l'imprévu. En conséquence, la Faculté demande, par 8 voix contre 4, la suppression du dédoublement des examens de fin d'année et le rétablissement des examens uniques à quatre ou cinq boules.

La Faculté ne voudrait pas favoriser, par les réformes qu'elle propose, l'accroissement du nombre des étudiants irréguliers ou retardataires. Elle demande donc le maintien des mesures destinées à en arrêter la multiplication : par exemple de la péremption des inscriptions. De plus, elle considère comme essentiel que les étudiants soient toujours astreints à subir leurs examens à la fin de l'année classique. Evidemment il faudrait, en ce qui concerne le premier examen de licence, se départir de ce principe ; mais on s'efforcerait de réduire aux limites les plus étroites cette exception nécessaire. Il semble qu'on pourrait organiser chaque année trois sessions d'exa-

mens : une en juillet, une du 20 novembre au 1er décembre, une du 20 janvier au 1er février. A moins de raisons très graves, les étudiants en cours d'études seraient tenus de subir leurs examens de fin d'année en juillet : les candidats ajournés devraient se représenter en novembre et auraient comme ressource extrême la session de janvier ; en cas d'échec à cette session, ils seraient obligés de recommencer leur année. Quant au premier examen de licence, les étudiants seraient tenus de s'y présenter à la fin de novembre, et, en cas d'échec, n'auraient d'autre ressource que la session de janvier. Cette mesure ne paraîtra pas trop rigoureuse si l'on réfléchit que cet examen est, pour moitié, une revision de matières déjà vues en première année ; d'ailleurs, si l'on veut assurer la régularité des étudiants, il est indispensable de les contraindre à hâter le moment où, débarrassés de cette première épreuve, ils pourront se consacrer en toute liberté aux matières enseignées en troisième année. Grâce au système que nous proposons, la plupart des étudiants de troisième année auraient subi leur premier examen de licence à la fin de novembre, et l'effectif de la troisième année serait complet à la fin du mois de janvier.

En résumé, d'après les vœux de la majorité de la Faculté, voici quel serait le régime des examens de licence :

1re ANNÉE. — *1er examen de baccalauréat.* — Quatre boules : deux de droit civil, une de droit romain, une de droit pénal.

2e ANNÉE. — *2e examen de baccalauréat.* — Quatre boules : deux de droit civil, une de procédure, une de droit public et administratif.

3e ANNÉE. — *1er examen de licence.* — Quatre boules d'Institutes.

— *2e examen de licence.* — Cinq boules : deux de droit civil, une de droit public et administratif, une de droit commercial, une d'économie politique.

Il faut ajouter que, dans l'opinion de la majorité de la Faculté, une noire et une rouge-noire ou trois rouges-noires entraîneraient l'élimination du candidat. — La minorité exigerait, pour l'élimination, deux noires ou quatre rouges-noires.

3. DOCTORAT.

La question du programme et celle des examens sont si intimement liées en ce qui concerne le doctorat, que nous croyons devoir en traiter simultanément.

La Faculté a, dans sa délibération du 15 juin 1884, exprimé son opinion sur les épreuves du doctorat. Le diplôme de docteur doit, à son avis, constater des études juridiques approfondies; aussi les épreuves du doctorat contiendront-elles une partie essentielle, comprenant les interrogations portant sur le droit romain qui est le point de départ de notre législation; les interrogations portant sur le droit civil français qui en est le point d'arrivée; et peut-être, de l'avis de quelques-uns, les interrogations portant sur l'histoire du droit qui relie ces deux termes, et les interrogations portant sur le droit international, qui forceront l'étudiant à tenir compte du développement des idées juridiques au delà des frontières. Joignez à cela une thèse qui devra prouver chez le candidat les connaissances scientifiques aussi bien que les qualités de composition. Telle est, à notre avis, la partie essentielle du doctorat.

Le décret du 20 juillet 1882 a ajouté à ces épreuves un troisième examen, portant nécessairement sur le droit constitutionnel et sur trois autres matières au choix du candidat. La Faculté s'est demandé s'il convenait de maintenir ce troisième examen; l'hésitation a été d'autant plus grande que la seule matière obligatoire de cette épreuve, le droit constitutionnel, serait, d'après nos vœux, transportée dans les programmes de licence.

Ce n'est pas que la Faculté conteste l'utilité des enseignements accessoires, qui ont trouvé leur sanction dans le troisième examen : notamment, en plus d'une circonstance, elle a reconnu l'intérêt de l'union du droit avec les sciences politiques ou administratives qui sont l'objet de plusieurs cours de doctorat. Elle ne saurait toutefois se le dissimuler, quelques-uns de ces enseignements portent sur des connaissances positives qui sont moins que le droit civil matières à enseignement et plus que ce droit matières à travail individuel. Est-il nécessaire de consacrer à ces enseignements une épreuve spéciale, difficile si elle est sérieusement préparée, au moins inutile si elle n'est pas prise au sérieux, portant en tous cas sur des matières dont plusieurs surchargent l'esprit plutôt qu'elles ne le forment? Est-il indispensable d'exiger des jeunes gens un sacrifice de temps qui prolonge la durée du doctorat, et de les astreindre à un examen qui, entrevu de loin, contribue encore à les décourager? Ne satisferait-on pas, d'ailleurs, aux exigences de ces enseignements accessoires si l'on en introduisait un ou deux, à titre facultatif, dans une épreuve du premier et du second examen?

Tous ces motifs ont déterminé la Faculté à demander la suppression du troisième examen du doctorat.

Subsidiairement, si l'on ne juge pas à propos de supprimer le troisième examen de doctorat, la Faculté demande qu'on en tire parti pour faciliter l'application du système d'équivalences proposé par elle et destiné à développer la culture littéraire chez les étudiants en droit. Elle maintient ainsi les conclusions de la délibération prise par elle, à l'unanimité, le 1er juillet 1886, en réponse à la circulaire ministérielle du 18 mai 1886.

La Faculté s'est ensuite occupée de l'organisation des deux examens conservés. Le fond de la première épreuve serait, comme par le passé, le droit romain; le fond de la seconde épreuve serait le droit civil: quelques enseignements autres pourraient y trouver place. La réforme la plus importante aux yeux de la majorité de la Faculté consisterait à introduire, dans chacun de ces examens, une composition écrite, de droit romain au premier, de droit civil au second. Ce n'est pas ici le lieu d'insister sur les avantages de l'épreuve écrite qui, seule, permet à certains candidats de donner leur mesure. On peut, sans doute, lui reprocher d'être très aléatoire; afin de diminuer l'aléa, trois sujets devraient être offerts au choix du candidat, qui n'aurait ensuite à en traiter qu'un seul. Nous n'imposerions pas de règles sur le choix des sujets : on pourrait proposer aux candidats soit l'exposé d'une théorie générale, soit, au premier examen, l'explication écrite de quelques textes du *Corpus juris*, soit, au second examen, la résolution d'une hypothèse plus ou moins compliquée. Quatre heures devraient suffire à ces compositions, dont la correction pourrait être confiée à une commission. Plusieurs eussent voulu les rendre éliminatoires ; après discussion, il a été entendu que le résultat ne s'en traduirait que par une boule unique se joignant aux boules des examens oraux.

Chacun des examens oraux comporterait, d'après les vues de la majorité, cinq suffrages, auxquels se joindrait le suffrage de la composition écrite. L'histoire du droit serait ajoutée comme matière obligatoire à l'examen de droit romain, le droit international à l'examen de droit civil. Chaque examen serait ainsi sanctionné par six suffrages : ne seraient admis que les candidats qui auraient au moins obtenu trois blanches et une blanche-rouge.

Un des suffrages du second examen pourrait, d'ailleurs, être attribuée à une matière facultative, prise au choix de l'étudiant, d'abord parmi les cours spéciaux de doctorat, là où ils sont organisés (nous entendons des cours qui comprennent au moins quarante leçons), et subsidiairement parmi les cours de licence. Cette combinaison ne compromettrait pas, dans cet examen, la prépondérance du droit civil, auquel appartiendraient le suffrage de la composition écrite et trois suffrages d'interrogations orales.

Nous proposons donc de composer comme suit les examens de doctorat :

1er *Examen :* Une composition écrite de droit romain, trois interrogations de droit romain, une de Pandectes, une d'histoire du droit, en tout six suffrages.

2e *Examen :* Une composition écrite de droit civil, trois interrogations de droit civil, une de droit international, une facultative au gré du candidat, en tout six suffrages.

Les règlements actuels imposent, après les trois examens, deux thèses, l'une sur un sujet de droit romain, l'autre sur un sujet de droit français. Autrefois, les thèses étaient surtout des exercices d'argumentation, où les candidats, pour faire preuve de dialectique et de savoir, devaient défendre une série de positions sur des matières controversées. A ces positions fut jointe une dissertation, d'abord assez courte, dont l'étendue s'augmenta peu à peu, à tel point que l'épreuve de la thèse consiste surtout, de nos jours, en la présentation de deux dissertations, souvent très longues, rarement personnelles, accompagnées d'une série de positions, dont beaucoup ne sont guère moins banales. Nos habitudes actuelles imposent ainsi à tous les candidats au doctorat l'obligation de mettre au jour un véritable ouvrage. Ce travail dépassant les forces de beaucoup, ils croient s'en acquitter par la publication d'une volumineuse compilation, qui n'est point à proprement parler un livre original, et dont le nom seul rappelle la pancarte plus ou moins ornée des thèses d'autrefois. Entre ces deux systèmes extrêmes (celui de la longue dissertation et celui de la série de positions) nous pensons qu'il serait possible et utile de prendre un moyen terme. La thèse comporterait une dissertation courte (si elle est courte, il y a peut-être plus de chances pour qu'elle soit personnelle), sur une matière comprise dans l'enseignement des Facultés de droit : cette dissertation serait complétée par un système de positions, étrangères au sujet de la thèse, dont le nombre pourrait être fixé ainsi qu'il suit :

Douze positions sur le droit civil,
Dix positions sur le droit romain,

Quatre sur chacun de quatre autres enseignements représentés dans les Facultés.

——————

La Faculté a souvent regretté de ne pouvoir récompenser les meilleures thèses de doctorat. A l'unanimité, elle demande qu'il lui soit alloué les fonds nécessaires pour distribuer, à l'expiration de chaque période triennale, un prix à la meilleure thèse soutenue au cours de cette période.

Tel est l'ensemble des vœux que la Faculté prend la liberté de soumettre à l'examen de l'Autorité supérieure. Ils peuvent être ramenés à quelques points principaux :

1° Le cours de droit international serait reporté de la licence au doctorat ;

2° Le cours d'histoire du droit de licence serait supprimé (¹) ;

3° Au programme du cours de procédure seraient ajoutées les voies d'exécution ;

4° Le cours de droit administratif serait transformé en un cours de droit constitutionnel et administratif qui occuperait la seconde et la troisième années de licence ;

5° Le cours d'économie politique serait reporté en troisième année ;

6° Le système des examens de licence en deux parties, chacune à trois suffrages, serait remplacé par un système d'examens unique, à quatre ou cinq suffrages ;

7° Le premier examen de licence serait rétabli ;

8° Une composition écrite de droit romain serait ajoutée au premier examen de doctorat ; une composition écrite de droit civil serait ajoutée au second examen de doctorat ;

9° Le troisième examen de doctorat serait supprimé : une matière facultative serait ajoutée au second examen de doctorat ;

10° L'épreuve de la thèse, au lieu des deux dissertations exigées actuellement, n'en comprendrait plus qu'une. Des positions plus nombreuses seraient exigées ;

11° Un prix serait fondé pour être décerné par la Faculté, tous les trois ans, à l'auteur de la meilleure thèse de doctorat présentée pendant les trois dernières années.

(¹) Si l'on ne voulait pas effacer à la fois du programme de licence le droit international privé et l'histoire du droit, la Faculté opterait pour le maintien de l'histoire du droit.

Cette lecture achevée, M. le Président met en délibération les différents points du rapport présenté par M. Fournier, et l'Assemblée, estimant qu'il résume fidèlement l'ensemble des discussions auxquelles elle s'est livrée, déclare en adopter les conclusions.

. . . .

Pour extrait conforme :

Le Secrétaire de l'Assemblée,
L. ROYON

Le Doyen,
A. GUEYMARD.

————